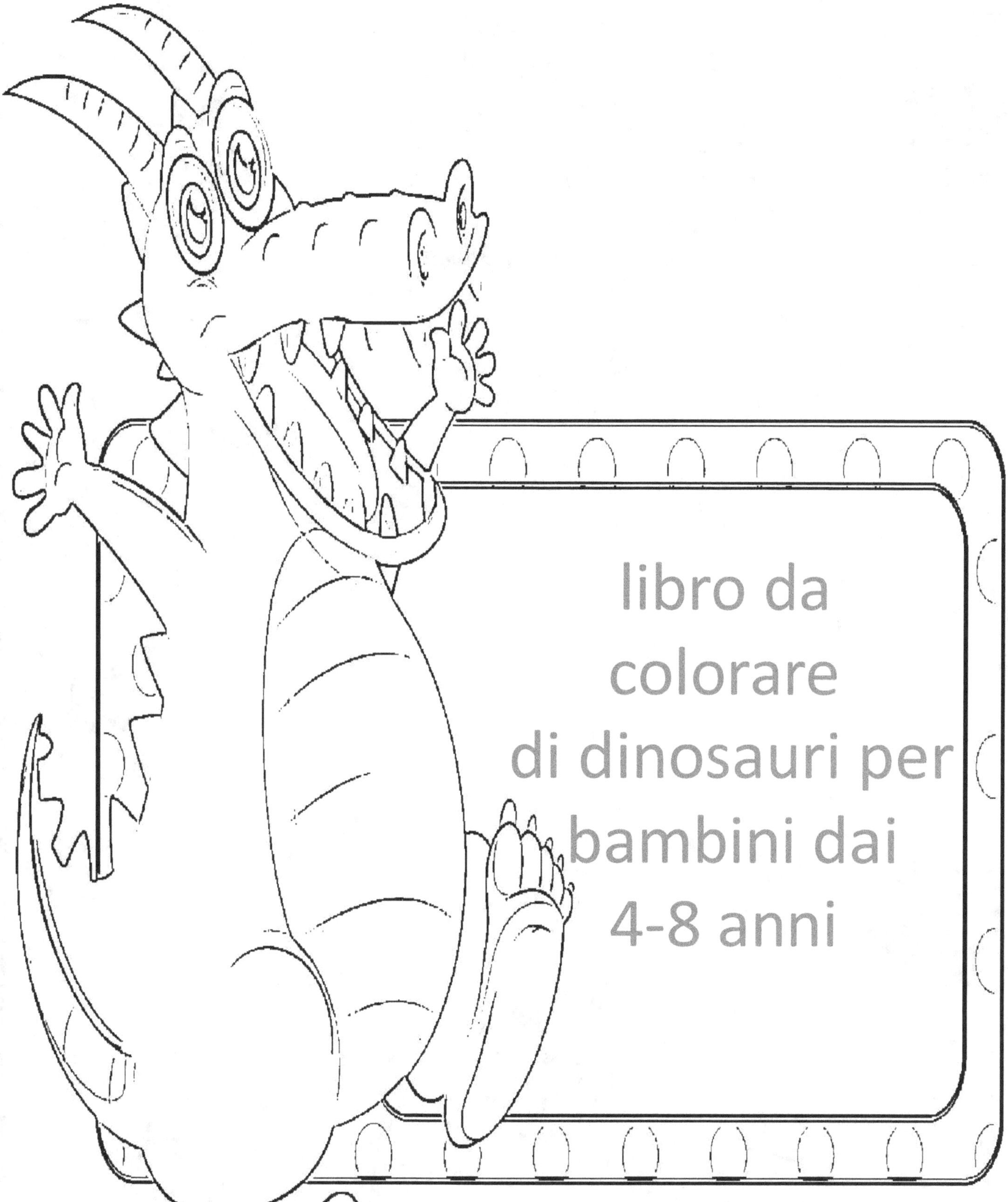

libro da
colorare
di dinosauri per
bambini dai
4-8 anni

1

Questo
Libro
Appartiene a :
GLUE
INK

3

5

7

9

13

15

17

19

21

23

25

27

29

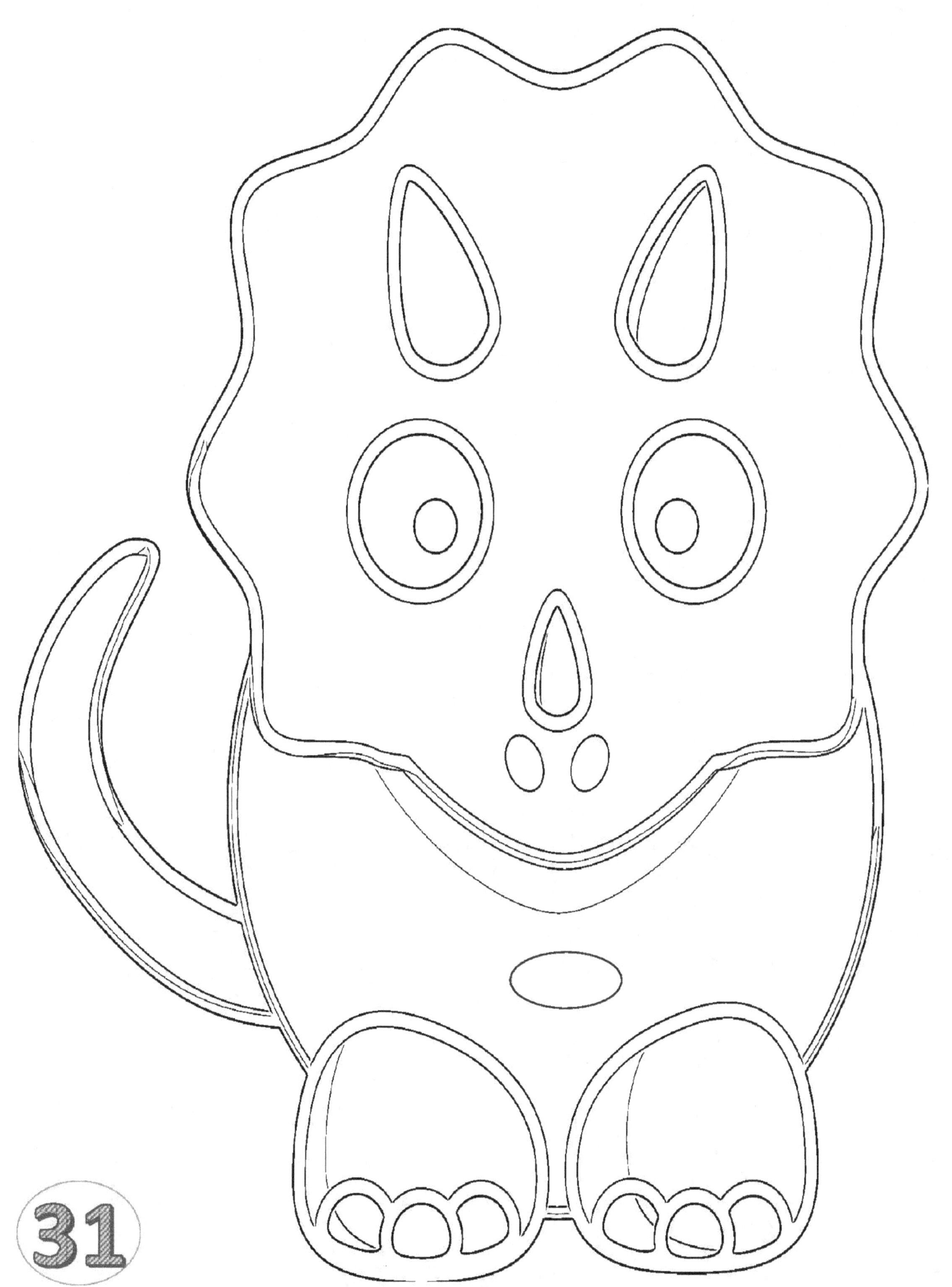

31

33

35

37

39

41

43

45

www.ingramcontent.com/pod-product-compliance
Lightning Source LLC
Chambersburg PA
CBHW080853160726
47999CB00009B/3099